Traumdeutung für Anfänger

Wie Sie Ihre Träume entschlüsseln und sich selbst besser verstehen

Katja Ramelow

Alle Ratschläge in diesem Buch wurden vom Autor und vom Verlag sorgfältig erwogen und geprüft. Eine Garantie kann dennoch nicht übernommen werden. Eine Haftung des Autors beziehungsweise des Verlags für jegliche Personen-, Sach- und Vermögensschäden ist daher ausgeschlossen.

INHALT

Das erwartet Sie in diesem Buch

Im Menschen ereignet sich Seltsames, während er schläft. Er taucht ab in Welten, die nur er selbst kreiert und das ganz ohne Mühe und aktives Zutun. Diese Welten sind jede Nacht da, denn es gibt keine Nacht, in der wir nicht träumen, selbst wenn wir uns nicht an den Traum erinnern. Diese Welten sind jedoch vor allem eines: ein großes Rätsel. Dieses Rätsel begleitet uns auch oft noch im Wachzustand, denn Träume hinterlassen ihre Spuren auch am Tag, wenn sie uns durch ihren Inhalt oder die Gefühle, die sie in uns auslösen, einfach unerklärlich sind. Das Unerklärliche faszinierte die Menschen schon immer und so ist es kaum verwunderlich, dass Träume seit Jahrtausenden viele Fragen in den Menschen aufwerfen.

Träume erscheinen umso rätselhafter, wenn man bedenkt, dass sie wahrscheinlich evolutionär wichtig sind. Warum sonst hat sich die Fähigkeit zu träumen im Menschen erhalten? Sind Träume geheime Botschaften unseres Unterbewusstseins? Sind Träume Visionen? Sind Träume vielleicht auch einfach bedeutungslos? Und was machen Träume mit uns?

„Wir sind aus solchem Stoff, wie der aus Träumen und unser kleines Leben umgibt ein Schlaf." (Shakespeare). William Shakespeare drückt mit diesem Zitat sehr bildlich aus, dass wir im Wachzustand und im Traumzustand miteinander auf vielfältige Art verwoben sind und sich die jeweiligen Zustände sehr beeinflussen. Kennen Sie das nicht? Ein Traum verfolgt sie den ganzen Tag, sie kommen einfach nicht von ihm los? Wie kann so eine Imagination einen solchen Einfluss auf ihren Alltag haben?

Ich werde mit diesem Ratgeber keineswegs das

Rätsel um die Träume lösen können, aber ich möchte versuchen, Ihnen ein paar Puzzleteile mit auf den Weg zu geben, womit sich Ihnen Ihre ganz persönlichen Träume vielleicht langsam mehr und mehr erschließen können.

Also wünsche ich uns: fröhliches Rätselraten!

Mein persönliches Rätsel

Ich habe schon seit längerer Zeit ein Nasenpiercing. Diesen trage ich sehr gern und fühle mich sehr wohl mit ihm. Doch einmal ist er mir leider herausgefallen. Die war eine anstrengende Erfahrung, denn selbst hereinbekommt man es leider nicht und die Versuche dazu sind sehr schmerzhaft. Also habe ich einen schnellen Termin bei meinem Piercer ausgemacht und bin dahingefahren. Leider ist meine Haut schon ein wenig zugewachsen gewesen und der Piercer musste das Loch sehr schmerzhaft neu stechen. Ein paar Wochen später träumte ich überraschenderweise von meinem Piercing und davon, wie es mir herausfällt. Dieser Traum begleitete mich in den kommenden Monaten sehr oft. Jedes Mal löste er Gefühle des Schocks in mir aus, sodass ich aufwachte und mich vergewissern musste, dass alles nur ein Traum war.

Es verging ein Jahr. Irgendwann träumte ich wieder den altbekannten Traum, doch etwas war anders. Das Piercing fällt mir heraus und ich war nicht, wie allzu oft, verzweifelt und schockiert, sondern ging einen anderen Weg. Ich fühlte mich gelassen, denn ich wusste, ich kann mir das Piercing einfach selbst wieder einsetzen. Das tue ich auch und schon im Traum merke ich: Es hat sich etwas Grundlegendes verändert.

Intuitiv habe ich am folgenden Tag direkt ein bisschen Traumdeutung betrieben. Ich habe im Internet recherchiert, was die Symbole meines Traumes bedeuten könnten. Wofür steht „Piercing", „Nase", „verlieren"? Ich habe die entsprechenden Bedeutungen mit meiner aktuellen Lebenssituation angeglichen und gemerkt: Ja, da könnte etwas dran sein. Das Piercing steht für etwas, was ich an mir selbst schätze und nach außen bringen will. Das Verlieren von ihm interpretiere ich so, dass ich es nicht schaffe, dieses etwas nach außen zu bringen. Nun, nachdem sich einige Umstände im Leben verändern, einige Zeit später, schaffe ich es.

Für mich waren dieser Traum und dass ich sie bewusst für mich interpretiert habe wichtig, um Veränderungen in meinem Leben nachzuvollziehen. Die Traumwelt hat mir etwas gezeigt, was sich in meinem Bewusstsein in der Wachwelt abgespielt hat, aber ich noch nicht reflektiert hatte. Somit war der Traum eine bildliche Schilderung dessen, was sich in mir abspielte. Obwohl ich eine vage Ahnung habe, was der Traum für mich bedeutet, habe ich noch viele offene Fragen und merke: Ich möchte mich intensiver mit dem Thema Träume beschäftigen. Ich frage mich: Was sind Träume eigentlich und warum ist das Traumdeuten so bedeutungsvoll für die Menschen?

WAS SIND TRÄUME? – EIN PAAR PUZZLETEILE

Wir sind aus solchem Zeug, wie das zu Träumen,
Und Träume schlagen so die Augen auf
Wie kleine Kinder unter Kirschenbäumen,

Aus deren Krone den blassgoldenen Lauf
Der Vollmond anhebt durch die große Nacht.
... Nicht anders tauchen unsre Träume auf,

Sind da und leben wie ein Kind, das lacht,
Nicht minder groß im Auf- und Niederschweben
Als Vollmond, aus Baumkronen aufgewacht,

Das Innerste ist offen ihrem Weben;
Wie Geisterhände in versperrtem Raum
sind sie in uns und haben immer Leben.

Und drei sind eins: ein Mensch, ein Ding, ein Traum.
(Hofmannsthal)

Hugo von Hofmannsthal beantwortet die Frage, was
Träume eigentlich sind, lyrisch und betont in seinem
Gedicht, wie sehr Träume und Menschen

miteinander verbunden sind. „Wie Geisterhände in versperrtem Raum sind sie in uns und haben immer Leben", dieser Vers drückt aus, wie omnipräsent Träume in unserem Leben sind und wie schwer und versperrt der Zugang zu ihnen sein kann.

Was Träume eigentlich sind, ist eine Frage, die die Menschheit schon seit längerer Zeit beschäftigt. Im Altertum waren es vor allem noch die Priester*innen und Seher*innen, die die Träume der Menschen deuteten, heute sind es vor allem Psycholog*innen und Therapeut*innen. Gerade die jüngere Vergangenheit war bedeutend für die Erforschung der Träume, denn das 20. Jahrhundert war das Jahrhundert der Entdeckung der Psychologie und Psychotherapie. Auf Theorien bedeutender Psychologen wie Sigmund Freud und Carl Gustav Jung gehe ich später noch einmal ein. Ich möchte zunächst erst einmal ein paar Puzzleteile sammeln zu dem großen Rätsel: „Was sind eigentlich Träume?". Dieses Puzzle ist und bleibt wahrscheinlich unvollständig, denn es wird immer mehr entdeckt und erforscht rund um das Thema Träumen. Jedoch möchte ich erstmal ein paar Impulse und Anstöße geben über das Thema Träumen. Was sind nun Träume?

Träume sind...

...Nächtliche Einordnungsprozesse, die wir erinnern

Sehr oft verarbeiten wir nachts Eindrücke, die wir am Tag gesammelt haben. Seien es emotional aufreibende Erlebnisse oder einfach nur Alltägliches, nachts spielt sich das Erlebte oft noch einmal vor uns ab.

... eine Selbstregulierung der Psyche
Beim Träumen führt unser Unterbewusstsein Regie. Es zeigt uns Aspekte unseres Lebens, die wir im Wachzustand nicht wahrgenommen haben und gibt uns interessante Anstöße.

...sind erst dann Träume, wenn wir aus ihnen erwachen
Während wir träumen, ist der Traum für uns Realität. Es ist uns zumeist nicht bewusst, dass es eine andere Welt außerhalb der Traumwelt gibt. Der Traum ist die Realität und die Wachwelt gibt es während des Träumens nicht.

„Der Traum als Traum, solange er geträumt wird, ist Welt, und zwar nicht nur eine Welt unter anderen Welten, sondern die Welt"

(Verena Kast)

...die einzige Welt, die nur wir selbst hervorbringen
Wir sind beim Träumen die alleinigen Schöpfer*innen unserer Geschichten. Im Traum kreieren wir unsere eigene Welt, und das Beste ist: diese Kreativität vollbringen wir ganz ohne Anstrengung und Planung.

...ein Rätsel für die Menschen
Sehr häufig schaffen es Träume, uns zu verblüffen und im Wachzustand viele Fragen aufzuwerfen. Rätsel wollen gelöst werden. Mit diesem Ratgeber möchte ich versuchen, Ihnen wenigstens ein paar Fragezeichen zu nehmen. Auf diese verschiedenen Puzzleteile möchte ich im Weiteren tiefer eingehen. Ich habe mir vorgenommen, zu versuchen, eine Woche lang aktiv meine Träume zu erinnern.

Dieses kleine Selbstexperiment möchte ich im Folgenden mit Ihnen teilen. Dazu werde ich versuchen, Ihnen Wissenswertes rund um die verschiedenen Facetten zum Thema Träumen, insbesondere den vorgestellten Facetten, zu vermitteln und darauf aufbauend Ihnen eine kleine Trickkiste zeigen, wie Sie selbst Ihre Träume erinnern und für sich deuten können.

Eine Annäherung

Traumerinnerung

Ich nehme mir also vor, eine Woche lang meine Träume zu erinnern und zu notieren. Dabei merke ich: Mir fällt es ziemlich schwer, meine Träume zu erinnern. Wenn überhaupt, schaffe ich es, ein paar Fetzen zu erinnern und ich habe den Eindruck, maximal nur das, was ich kurz vor dem Aufwachen träumte, zu erinnern. Während ich mich mit dem Thema „Träume erinnern" beschäftige, erfahre ich, dass nur wenige Menschen besonders eindrücklich ihre Träume erinnern können. Jedoch gibt es auch Menschen, die besonders gut darin sind. Eine Studie des Mannheimer Zentralinstituts für seelische Gesundheit zum Thema Traumerinnerung fand heraus, dass „visuelle Vorstellungskraft, ausgeprägte Fantasietätigkeit und die Häufigkeit von Tagträumen" die Erinnerungshäufigkeit erhöhen.

Bei dieser Studie hatten Kunst Studierende und Hobbymaler die besten Werte, konnten also am ehesten ihre Träume erinnern. Es gibt aber noch weitere Faktoren, von denen die Traumerinnerung abhängt. Wenn man ruhig aus dem Schlaf erwacht und sich gerade in einer stressfreien Phase seines Lebens befindet, erhöht dies ebenfalls die Fähigkeit der Traumerinnerung. Einen anderen Einfluss auf diese Fähigkeit hat die Art der Träume. Träume, die uns emotional mitnehmen, werden leichter erinnert. Insbesondere bei Angstträumen ist dies der Fall. Insgesamt werden Träume, die wir als bedeutsam erleben, also eher erinnert als Träume, ohne große emotionale Bedeutung.

Es gibt eine gute Nachricht für alle Trauminteressierten! Menschen wie Sie, die sich mit dem Thema Träumen beschäftigen, haben auch eine Chance, sich besser an ihre Träume zu erinnern. Das

Erinnern von Träumen kann nämlich bis zu einem gewissen Grad geübt werden. Wenn Sie beginnen, Ihre Träume zu notieren, bewirkt dies, dass Ihr Erinnerungsvermögen sich verbessert. Auch die Teilnahme an Studien zum Thema „träumen" steigert die Traumerinnerungshäufigkeit. Sobald Sie also Ihren Fokus auf Ihre Traumwelt setzen, verändern Sie Ihre Wahrnehmung und Sie werden viel eher einen bewegenden Traum in Ihren Fokus fassen, diesen also nicht einfach so vergessen.

Auch Persönlichkeitsmerkmale beeinflussen die Traumerinnerung. Sensible Menschen oder Menschen, die sich für seelische Vorgänge interessieren sowie kreative Menschen erinnern Träume besser. Interessant ist in dem Zusammenhang auch, dass depressive Menschen sich deutlich schlechter an ihre Träume erinnern als gesunde. Dies zeigen Berichte bei Weckungen im Schlaflabor. Auch Psychopharmaka haben einen Einfluss auf die Traumerinnerung: L-Dopa und Serotoninwiederaufnahmehemmer verbessern diese, trizyklische Antidepressiva verschlechtern diese.

Die Lebensumstände beeinflussen die Traumerinnerung auch. Lebenskrisen, Übergangssituation und Konfliktsituation helfen der Traumerinnerung. Das könnte damit zusammenhängen, dass Menschen in diesen Zeiten eher dünnhäutig sind, sensibler werden und Rat ggf. auch in ihren Träumen suchen.

Nun, ich möchte anfangen, Ihnen meine erste Traumerinnerung mitzuteilen. Ich fange das Experiment an einem Freitag an. Ich habe nach dem Aufwachen große Schwierigkeiten, mich an Details der Nacht zu erinnern, also lege ich den Stift für meinen Traumbericht wieder frustriert zur Seite. Dann beim Zähneputzen holt mich jedoch eine Bildsequenz aus meinem Traum ein.

Freitag: Ich erinnere mich daran, dass ich davon träumte, bei meinen Großeltern zu sein in diesem einen Zimmer, in dem ich als Kind häufiger untergebracht war. Auf einem Stuhl wurden mir zwei Kuscheltiere gezeigt. Es waren (zumindest im Traum) zwei meiner heiß geliebten Kuscheltiere: eine hellblaue Robbe und ein brauner Hund. Besonders blieb mir das weiche Fell der beiden Kuscheltiere im Gedächtnis. Meine Zuneigung zu diesen Kuscheltieren hatte besonders mit ihrem weichen Fell zu tun...

Beim Notieren dieses Traumes fällt mir die Genauig-keit der Szenerie auf. Als Kind liebte ich es tatsäch-lich, bei meinen Großeltern auf diesem einen Stuhl in diesem einen Zimmer mit Kuscheltieren zu spie-len. Da der Traum aber (auf den ersten Blick) wirk-lich nichts mit meinem Alltag oder Tageserlebnissen zu tun hat, hinterlässt er mich stutzig. Ich wundere mich sehr, wie und warum mir mein Gehirn auf ein-mal ohne erkenntlichen Grund Erinnerungen aus meiner Kindheit als Traum aufbereitet. Apropos Ge-hirn: Was sagt eigentlich die Neurowissenschaft zum Thema „Träumen"?

EINE ANNÄHERUNG: NEUROWISSENSCHAFTLICH

Es gibt erstaunlicherweise bisher keine einheitliche von Neurowissenschaftler*innen belegten Befunde zur Funktion des Träumens.

Ernest Hartmann ist Neurowissenschaftler und Psychiater und stellt die Hypothese auf, dass Träume, mehr noch als im Wachzustand, Verbindun-gen auf neuronaler Ebene im Gehirn herstellen. Ge-dächtnismaterial, was im Laufe jedes Tages immer mehr aufgefüllt wird, wird mit Fantasien oder anderen Träumen verknüpft, Personen und Ort verschmelzen miteinander, Gegenwart und Vergangenheit werden verknüpft... Hartmann bezeichnet diese Eigenschaft von Träumen „hyperconnective" und stellt den Vergleich an, dass der Traum wie das Gehirn ein neuronales Netz darstellt. Durch solche Netzwerke werden Verbindungen geschaffen, die dazu dienen, dass wir lernen. Erlebnisse schaffen Erregungsflüsse im neuronalen Netz. Gewisse Verbindungen „leuchten" bildlich gesprochen in diesem neuronalen Netz auf, wenn wir von etwas Bestimmten träumen, werden mehr betont oder vernachlässigt, je nachdem, was gerade im Traum passiert. Aber was sind diese Erlebnisse im Traumzustand?

Für Hartmann sind es die Emotionen, welche durch das Träumen in einen Kontext gestellt werden. So gäbe es im neuronalen Netz während des Träumens konstant einen Fluss von Erregungen und Aufregung verbunden mit einer Verlagerung dieser Erregungen. Durch das Träumen können Emotionen durch neue neuronale Verknüpfungen in einen anderen Kontext gestellt werden als im Wachzustand. Zu diesem Befund kommt Hartmann durch Forschungen zur Trauma-Verarbeitung durch das

Träumen. Ein Trauma würde sich laut Hartmann mit der Zeit durch das Träumen mit anderen Emotionen vermischen, es würden neue Verknüpfungen hergestellt werden, die die Emotionen des Traumas verknüpfen mit allen Erfahrungen und Emotionen, die der Mensch gemacht hat. Das menschliche Gehirn hat eine Tendenz zur Harmonisierung und soll so durch das Träumen „Übererregungen" harmonisieren. Für Hartmann hat das Träumen so auch eine therapeutische Funktion.

Träume treten hauptsächlich, jedoch nicht nur, in der REM-Phase des Schlafens auf. Im Traum sind nicht alle Hirnregionen aktiv, so fehlt die Aktivität der Teile des Gehirns, die für die willentliche Zwecksetzung, das logische Denken, bewusstes Planen und das Kurzzeitgedächtnis zuständig sind. Aktive Hirnregionen sind interessanterweise z. B. solche, die bei der Entstehung von Angst eine wichtige Rolle spielen.

Experimente mit Ratten zeigten, dass Ratten im REM-Schlaf besonders Regionen im Hirn benutzten, welche zum Lernen und zum Verarbeiten von Informationen notwendig sind. Ebenso zeigten die Ratten, denen der REM-Schlaf entzogen wurde, schlech–

te Gedächtnisleistungen. Ein weiterer Befund ist, dass Träume der mentalen Simulation von Gefahren dienen. So handeln ca. 70 % der Träume von Angst, Versagen, Fehlern, Flucht, Verfolgung sowie Aggressionen. Am Samstag träumte ich sehr wenig, bzw. kann mich an gar nichts aus meiner Traumwelt erinnern. Das ist, wie ich nun weiß, nicht verwunderlich.

Ich bin sehr spät ins Bett gegangen und habe auch bei einer Feier zuvor Alkohol getrunken. Obwohl man das Gefühl hat, durch Alkohol tief und fest zu schlafen, ist der Schlaf keineswegs ein gesunder, denn Alkohol verringert die Phasen des REM-Schlafes und somit auch die Phasen, in denen man am häufigsten träumt.In der Nacht am Sonntag kann ich wieder einen Traum verzeichnen:

Sonntag: Ich träume davon, dass ich meinem Mitbewohner die Haare schneiden soll. Es ist sehr drängend und ich habe schon ein schlechtes Gewissen, weil ich es andauernd vergessen habe. Ich träume davon, wie mich ein alter Freund anruft. Ich fühle mich von ihm genervt und gehe nicht an das Telefon. Weiterhin träume ich davon, wie ich einen riesigen Pickel ausdrücke und ganz viel Eiter entweicht.

Bei diesen Träumen spüre ich auch einige Gefühle. Ich spüre Stress, weil ich eine Sache, die ich mir vornehme, nicht schaffe, ich bin genervt von der Kontaktaufnahme einer Person, die mir mal nahe stand und bin erleichtert, als sich der Pickel entleert. Ich frage mich: Was sagen Träume über unsere Psyche aus?

EINE ANNÄHERUNG: PSYCHOLOGISCH

Eine wichtige Schlüsselfigur für die Erforschung von Träumen in der Psychologie ist ohne Frage Sigmund Freud. 1899 stellte er seine erste Traumtheorie in dem Buch „Die Traumdeutung" vor. Für Freud sind Träume der „Königsweg" zum Unterbewusstsein der Menschen. Durch die Traumdeutung glaubte Freud, sei es möglich das Unterbewusstsein des Menschen näher zu verstehen und gar zu entschlüsseln.

Freuds These lautet, dass jeder Traum ein unterdrücktes Bedürfnis der Menschen aufdeckt und im Traum eine Wunscherfüllung erfolgen kann. Wünsche, die laut Freud zur Traumgenerierung führen können, sind z. B. ein bei Tage gemerkter Wunsch, der nicht zur Erfüllung gekommen ist, ein bei Tage verdrängter Wunsch, akute, sich im Schlaf regende körperliche Bedürfnisse und unbewusste, verdrängte Triebregungen. Durch das Träumen kommt es zu einer partiellen Befriedigung der unterdrückten Wünsche. Der Regisseur unserer Träume ist also das Unterbewusstsein.

Die Thesen Sigmund Freuds zur Traumdeutung waren bereits zu seiner Zeit kontrovers diskutiert, doch er hatte mit seinem Werk das Thema zu einem ernst zu nehmenden Studienobjekt gehoben. Die Traumdeutung wurde zum zentralen Werkzeug in Freuds psychoanalytischer Arbeit. Durch das Traumdeuten konnten psychische Probleme erstmal diagnostiziert werden und später dann bearbeitet.

Auch Carl Gustav Jung sah den Traum als ein wichtiges Mittel, um in der psychoanalytischen Arbeit Zugang zur Psyche der Menschen zu bekommen. Bedeutend an seinem Werk ist die Betonung des direkten Zusammenhangs des Träumens zum Alltag der Träumenden. Die Traumdeutung erfolgt bei Jung besonders durch die Einfälle der Träumenden zu ihren eigenen Traumbildern, da es für Jung zur Deutung von Träumen sehr wesentlich ist, die Lebenssituation der Träumenden konkret einzubeziehen und keine allgemeinen Schlussfolgerungen zu ziehen. Einen weiteren, sehr spannenden Aspekt des Werks von C. G. Jung finde ich den des kollektiven Unterbewussten. Haben Sie auch schon mal davon geträumt, dass Sie gejagt werden oder dass Ihnen Zähne ausfallen? Diese Träume sind Klassiker der Traumwelten des kollektiv Unterbewussten.

Dieser Aspekt betont, dass körperliche und geistige Entwicklungsschritte in der Menschheitsgeschichte sich als stammesgeschichtliche Erinnerung in jedem einzelnen Menschen wiederfinden. Wenn Sie also z. B. vom Jagen oder Gejagt-Werden träumen, können Sie von nun an Ihren Mitmenschen erzählen, dass Sie Ihre Jäger- und Sammler-Gene nachts heimgesucht haben. Oder spiegelt sich im Traum vom Zahnverlust die Angst vor dem Tod aus Zeiten der Steinzeit?

Jungs Traumtheorie spricht auch vom Prozess der „Kompensation" durch das Träumen. Mit sogenannten kompensatorischen Träumen würde das Unterbewusstsein auf die aktuellen Lebenssituationen der Menschen reagieren um, wenn es dort zu einem psychischen Ungleichgewicht gekommen ist, wieder ein Gleichgewicht herzustellen. Ähnlich wie

Hartmann spricht Jung also auch von einer psychologischen Selbstregulierung des Träumenden im Schlaf. In der Traumwelt empfangen wir also Botschaften unseres Unterbewusstseins. Ich frage mich: Was für ein Ort ist dieser, in dem wir Träumen, ist die Traumwelt eine reale Welt?

EINE ANNÄHERUNG: PHILOSOPHISCH

„Ich schlief und träumte, ich sei ein Schmetterling. Dann erwachte ich und war wieder Zhuangzi. Ich fragte mich: Bin ich nun ein Mensch, der träumt, er sei ein Schmetterling, oder bin ich ein Schmetterling, der träumt, er sein ein Mensch?

Der daoistische Philosoph Zhuangzi stellte eine ganz entscheidende Frage, die dem Menschen durch Traumerlebnisse aufkommen kann: Wenn sich der Traum wie die Realität anfühlt, bis wir aufwachen, was ist dann überhaupt die Realität? Während wir träumen, gibt es keine Grenzen mehr, wie solche in der realen Welt. Diese Grenzenlosigkeit zeigt sich darin, dass sich alle Regeln von Zeit und Raum auflösen, einzelne Individuen miteinander verschmelzen, wir fliegen können und so viel mehr. Aber während des

Träumens fühlen sich diese Erlebnisse, die sich so sehr von der Realität in der Wachwelt unterscheiden, ebenso real und echt an wie die Wirklichkeit. Der Traum, der uns eine andere Realität zeigt als die im Wachzustand, ist ein Thema, was für viele Philosoph*innen relevant ist.

In der Philosophie gibt es das sogenannte „Traumargument", welches besagt, dass wir nicht wissen können, ob es eine Außenwelt gibt oder ob wir diese nur erträumen. Durch die Erfahrung des Traumes in der Nacht, die sich während des Träumens real anfühlt, können Philosoph*innen sich also fragen: Was ist die reale Welt? Der französische Philosoph Rene Descartes äußerte das Traumargument in seinen Grundzügen zuerst.

„Trefflich für wahr! Bin ich denn nicht ein Mensch, der nachts zu schlafen pflegt und dann alles das, und oft noch viel Unglaublicheres im Traume erlebt, wie jene im Wachen? Wie oft aber erst glaube ich nachts im Traume, ganz Gewöhnliches zu erleben; ich glaube hier zu sein, den Rock anzuhaben und am Ofen zu sitzen und dabei liege ich entkleidet im Bette! Jetzt aber

schaue ich sicherlich mit ganz wachen Augen auf dies Papier. Dies Haupt, das ich bewege, ist nicht vom Schlafe befangen. Mit Überlegung und Bewusstsein strecke ich diese Hand aus und habe Empfindungen dabei. So deutlich würde ich nichts im Schlafe erleben! Ja, aber erinnere ich mich denn nicht, dass ich auch schon von ähnlichen Gedanken in Träumen getäuscht worden bin? – Während ich aufmerksamer hierüber nachdenke, wird mir ganz klar, dass ich nie durch sichere Merkmale den Schlaf vom Wachen unterscheiden kann, und dies macht mich so stutzig, dass ich gerade dadurch fast in der Meinung bestärkt werde, dass ich schlafe." (Descartes)

Für die Philosoph*innen, die sich mit dem Traumargument beschäftigen, ist es nicht auszuschließen, dass die Wirklichkeit nur ein Traum ist. Immerhin weiß man auch beim „echten" Traum erst, dass es nur ein Traum war, wenn man aus diesem erwacht. Es sei also unklar, ob das, was wir für die Realität halten, nur ein Traum ist, aus dem wir noch nicht erwacht sind. Diese Fragen können uns schön verwirren, aber dennoch glaube ich, dass alle, die schon einmal einen intensiven Traum erlebt haben, das

Gefühl des „Realitätsverlusts" nachvollziehen können, gerade wenn sich die Traumrealität beim Erwachen in die Wachrealität verwandelt. Ich kann mir also nie sicher sein, dass ich nicht irgendwann auch aus dem „echten" Leben erwache. Jedoch frage ich mich: macht es die Wirklichkeit nicht real, dass wir sie erleben? Ich kann nie wissen, was die ultimative Wahrheit über die Realität ist, doch sobald ich die, für mich gefühlte, Realität erlebe, sei es im Traum oder im Wachzustand, ist sie für mich bedeutungsvoll und somit real.

Aber genug des Philosophierens! Ich werde nun mit Ihnen einen weiteren Traum teilen:

Montag: Es gibt eine riesige Seilbahn, die über ein sehr hohes Tal führt, anschließend eine Kurve nach rechts macht und dann über das Meer fährt. Ich traue mich leider nicht mitzufahren. Diese Seilbahn führt zu einer Domführung. Meine Mutter ist bei mir. Später muss ich arbeiten und es steht eine längere Küchenarbeit an, von ca. zweistündigem Aufwand. Ich sage meinem Team in der Küche, dass ich nicht zwei Stunden arbeiten will. Prompt bekomme ich sehr viel Ablehnung zu spüren, das Team ist sauer auf mich. Weiterhin träume ich von einem Mann, den ich sehr attraktiv finde. Ich möchte ihn etwas fragen, traue mich aber nicht.

In diesem Traum sehe ich schon einiges aus meinem Alltag wieder, aber als außergewöhnlich und nicht alltäglich erscheint mir die Seilbahn. Ich habe keine Seilbahn in meinem Alltag erlebt und trotzdem erscheint mir das Bild sehr eindrucksvoll in meinem Traum, auch wenn ich jetzt noch daran denke, habe ich die Mächtigkeit der Seilbahn noch genau vor Augen. Ich frage mich: Ist die Seilbahn ein Symbol und wenn ja, wofür steht es?

EINE ANNÄHERUNG: SYMBOLISCH

Für die Traumtheorien von Jung und Freud ist die Rolle des Unterbewusstseins, welches im Traum eine viel deutlichere Sprache spricht als tagsüber, zentral. Ein Traum kann „das Andere" in uns offenbaren, uns verblüffen und überraschen, uns neuartige Lösungen und Wege zeigen, die wir tagsüber in der Form nicht sehen würden. Unser Unterbewusstsein teilt sich uns durch Träume mit und bedient sich dabei einer Symbolsprache. Der Psychoanalytiker und Philosoph

Fromm formulierte: *„Ich halte die Symbolsprache für die einzige Fremdsprache, die jeder von uns lernen sollte. Wenn wir sie verstehen, kommen wir mit dem Mythos in Berührung, der einer der bedeutendsten Quellen der Weisheit ist, wir lernen die tieferen Schichten unserer Persönlichkeit kennen."* (Fromm).

Nun kann man sich fragen, wie denn das gehen soll, die Symbolsprache zu erlernen? Wenn Sie hoffen, ich werde Ihnen hier ein Lexikon der Traumsymbole mit universeller Bedeutung mit auf den Weg geben, muss ich Sie leider enttäuschen. Im Internet oder in anderen Ratgebern gibt es solche Lexika zwar, aber ich würde nicht auf die Allgemeingültigkeit der Symbole in diesen vertrauen. Warum dies so ist, möchte ich versuchen, Ihnen im Folgenden zu erklären.

Bilder wie die der Seilbahn in meinem Traum spielen eine bedeutende Rolle bei der Erinnerung von Träumen. Sie prägen sich uns meist sehr „bildlich" ein. Durch unsere Gefühle, Eindrücke, unseren Erfahrungsschatz und Alltagserlebnisse lassen sich diese Bilder verstehen. Ein Bild im Traum entsteht durch Ihre individuelle zusammengefasste Lebenserfahrung. Unsere Erinnerungen setzen sich aus vielen Details unseres Erlebens zusammen, die wir abgespeichert haben.

Diese Details sind in „Erlebnisspuren" in uns eingeschrieben und beinhalten z. B. jegliche Lernvorgänge, Sinneserfahrungen und Emotionen, die wir erlebt haben. Wenn wir träumen, zeigt sich in jedem Bild eine ganz einzigartige Abfolge, ein Improvisationstheater aus unserem eingeschriebenen Erfahrungsschatz zu gewissen Themen. So kann es in Träumen passieren, dass sich in einzelnen Erinnerungsszenen der gesamte Erfahrungsschatz eines Individuums zu einem Thema verdichtet.

Weil dieser für jeden Menschen individuell ist, kann man also nicht einfach behaupten das Traumbild „Seilbahn" z. B. bedeutet ein kontrolliertes Fliegen, also z. B. der Wunsch nach Loslassen mit Kontrolle. Vielleicht verbinde ich mit dem Bild Seilbahn etwas ganz Eigenes, vielleicht gab es ein Buch zum Thema, was mich in meiner Kindheit sehr geprägt hat, vielleicht habe ich von einer Person gehört, die aus einer Seilbahn gefallen ist, vielleicht habe ich persönlich immer große Angst beim Seilbahnfahren. Eben dieser individuellen Verbindung zu einzelnen Bildern gilt es, auf die Spur zu kommen, die Codes, die sich dahinter befinden, zu entschlüsseln. Dafür müssen wir uns, wie auch Fromm behauptet, auf unsere ganz eigene Bildsprache besinnen und lernen, sie zu lesen.

„Die Symbolsprache ist eine Sprache, in der innere Erfahrungen, Gefühle und Gedanken so ausgedrückt werden, als ob es sich um sinnliche Wahrnehmungen, um Ereignisse in der Außenwelt handelte. […] Die Symbolsprache hat eine Logik, in der nicht Zeit und Raum die dominierenden Kategorien sind, sondern Intensität und Assoziation. Es ist die einzige universale Sprache, welche die Menschheit je entwickelt hat und die für alle Kulturen im Verlaufe der Geschichte die gleiche ist. Es ist eine Sprache sozusagen mit eigener Grammatik und Syntax, eine Sprache, die man verstehen muss, wenn man die Bedeutung von Mythen, Märchen und Träumen verstehen will. Aber der moderne Mensch hat diese Sprache vergessen, nicht wenn er schläft, aber wenn er wach ist." (Fromm)

Symbole erschließen sich nicht durch Logik. Sie sind Objekte aus der Wahrnehmungswelt, weisen auf etwas Hintergründiges hin, etwas Ungewusstes oder

Unterbewusstes. Symbole, wie die in unserer Traumwelt, können zugleich verschleiern und offenbaren oder auch erinnern und entwerfen. Symbole verdichten Erfahrungen, im Märchen z. B. kollektive kulturelle und im Traum meist individuelle, aber manchmal auch kollektive Menschheitserfahrungen.

Jung deutet Traumsymbole auf der sogenannten „Subjekt- & Objektstufe". Diese Art der Traumdeutung ist sehr anerkannt und wird von vielen Traumdeuter*innen übernommen. Die Objektstufe betrifft den Träumer in der Wachwelt bekannte Menschen und Sachverhalte, jedoch ebenso seine Projektion auf diese. Diese Ebene der Deutung hat einen starken Bezug zur Realität der Wachwelt.

Die Subjektebene hingegen bezieht alle Aspekte des Traumes auf den Träumer oder die Träumerin selbst. Jung schreibt dazu:

„Unsere Imagines sind Bestandteile unseres Geistes, und wenn unser Traum irgendwelche Vorstellungen reproduziert, so sind dies in erster Linie unsere Vorstellungen, in deren Bildung die Gesamtheit unseres Wesens verwoben ist; es sind subjektive Faktoren, die im Träume nicht aus äußeren Gründen, sondern aus

den intimsten Regungen unserer Seele heraus sich so oder so gruppieren und damit den oder jenen Sinn ausdrücken. Die ganze Traumschöpfung ist im Wesentlichen subjektiv und der Traum ist jenes Theater, wo der Träumer Szene, Spieler, Souffleur, Regisseur, Autor, Publikum und Kritiker ist. Diese einfache Wahrheit ist die Grundlage jener Auffassung des Traumsinns, die ich als Deutung auf der Subjektstufe bezeichnet habe. Diese Deutung fasst, wie der Terminus sagt, alle Figuren des Traumes als personifizierte Züge der Persönlichkeit des Träumers auf." (C. G. Jung)

Die Traumdeutung von Jung befasst sich zunächst damit, ob der Traum auf der Objektstufe Sinn ergibt und wird dann weiter auf der Subjektstufe gedeutet. Hinter dem in erster Hinsicht vordergründigen Symbol auf der Objektebene wird also nach und nach versucht, das Hintergründige zu finden, diese Ebene, die die Träumenden mit ihrem ganz eigenen Erfahrungsschatz belegen und die letztlich zu sich selbst zurückführt.

Nicht nur Bilder machen Träume aus. Auch Sprache und unsere ganz eigenen Assoziationen zu

Wörtern prägen diese. Ein Wort kann viele Eindrücke zusammenfassen. Beispielsweise das Wort „wunderbar" ist eine kompakte Zusammenfassung von Erfahrungen und Sinneseindrücken, die ein Mensch zu diesem Wort gesammelt hat.

Des Weiteren haben Wörter die Eigenschaft zu bezeichnen. Das Wort „Wollpullover" z. B. kann in uns eine persönliche (vielleicht auch sinnliche?) Erfahrung wachrufen. Die Traumsprache ist eine Kombination aus Bildern und der Sprache, die auf einer abstrakteren Ebene Erlebtes zusammenfassen kann. Die Wirklichkeit, die wir erfahren, können wir durch Wörter und Begriffen abbilden. Wir haben auch gelernt, Gefühle, die oft unfassbar erscheinen, durch Wörter auszudrücken. Im Traum haben wir ebenso die Fähigkeit zur abstrahierenden verbalen Zusammenfassung, zur Darstellung mit Wörtern. Sequenzen aus Wörtern und Gesprächen prägen also ebenso unsere Traumwelt.

Wege der Traumdeutung, wie die nach Jung oder Freud, finden sich zumeist in der psychoanalytischen Praxis, wo versucht wird, durch die Traumdeutung Hinweise auf seelische Probleme der Patient*innen zu finden. Traumdeutung dreht sich viel um das genaue Zuhören, wenn der Patient oder die Patientin ihren Traum schildern und das Entschlüsseln der Symbolsprache in diesem. Beides muss jedoch zwangsläufig nicht an eine Therapie gekoppelt sein, man kann sich selbst auch genau zuhören oder seine Träume einander erzählen, wenn man den Morgen mit anderen Menschen beginnt.

Inzwischen wissen Sie wohl genau, wer Ihre Träume hier deuten soll: Sie selbst! Auf Ihre Einfälle zu Ihren Träumen kommt es an. Kein Lexikon kann Ihnen dabei helfen. Sie selbst setzen die Traumschnipsel und Erinnerungen in einen für Sie sinnbehafteten Zusammenhang. Nur Sie können die Landschaften beschreiben, die Sie beim Träumen durchstreifen und nur Sie wissen, wo Sie anhalten und einen genaueren Blick auf gewisse Abschnitte werfen wollen.

Das folgende Kapitel, in dem ich versuchen möchte, Ihnen Tipps für Ihre persönliche Traumdeutung mit auf den Weg zu geben, ist keines, was Ihnen einen Besuch einer Psychotherapie ersetzen kann. Ich möchte Sie nur ermuntern, Ihre Träume genauer unter die Lupe zu nehmen und zu versuchen, die Puzzleteile rund um Ihr persönliches Rätsel Traum ein bisschen zu ordnen. Wenn Sie allerdings unter psychischen Problemen leiden, denen Sie durch Traumdeutung auf die Schliche kommen wollen, empfehle ich Ihnen sehr, eine professionell betreute Traumdeutung in Anspruch zu nehmen! Für alle Hobbytraumdeuter*innen, lassen Sie uns zu puzzeln beginnen!

Tipps zum Puzzeln

Ich möchte mit Ihnen hier eine Technik teilen, die die Psychotherapeutin Margarete Letzel auf Basis ihrer langjährigen Praxis entwickelt hat. Sie ist leicht zugänglich und garantiert anwendbar. Diese Methodik heißt: „Die Landkarte der Träume". Letzel beschreibt in dieser Methodik sieben Orientierungspunkte, durch die Sie Ihre Träume auf Ihrer ganz eigenen Landkarte verorten können.

Mir persönlich gefällt das Bild der Traumlandkarte sehr. Die Landkarte ist in unserem Unterbewusstsein verankert und Nacht für Nacht durchstreifen wir Traumlandschaften, die sich auf dieser

Landkarte finden lassen. Wir halten an dieser und jener Sehenswürdigkeit an und manchmal springen wir seltsamerweise schnell von einem Landstrich zu einer neuen Szenerie.

Diese Landkarte ist nicht unbedingt 2-D und auch nicht 3-D. Sie ist am ehesten 5-D, denn in ihr verschmelzen alle Ebenen. Es gibt keine lineare Zeit und keinen linearen Ort in ihr. Man kann also an mehreren Orten gleichzeitig sein und auch in mehreren Zeiten. Die Träumenden wollen nun beim Aufwachen ihren Traum auf dieser Landkarte verorten. Dazu gibt es leider keine genauen Koordinaten und keinen Kompass, der Sie direkt und linear an Ihren Traumort zurückführt.

In der „Realität" gibt es nur 2-D Landkarten, also funktioniert Ihr logisches Denken und Ihr Versuch auf den Kompass zurückzugreifen leider nicht. Sie müssen sich neuer Techniken bedienen. Die folgenden Orientierungspunkte und Leitfragen von Margarete Letzel können Ihnen helfen, Ihren Traum zu verorten. Sie können sie in unterschiedlicher Reihenfolge anwenden und auf einzelne Punkte mehr oder weniger intensiv eingehen, je nachdem, was Ihnen Ihre Intuition sagt. Ich zitiere nun im Folgenden

Letzels Orientierungspunkte auf der Traumland-karte und werde dann näher auf sie eingehen.

• Der Traumbericht: Erzählen Sie sich Ihren Traum und halten Sie Ihre ersten Einfälle fest: Was kommt Ihnen zuerst in den Sinn? Was beschäftigt Sie am meisten? Sammeln Sie alles, was in Ihnen auftaucht.

• Der Blick von außen: Hier wechseln Sie bewusst die Perspektive. Nun sind Sie im Wachzustand und registrieren bewusst, was Ihre Sinne melden: das Sitzen auf der Bettkante, die Füße auf dem Boden, das Wasser auf dem Gesicht später im Bad, den Ge-ruch des Kaffees, den Geschmack auf der Zunge. Ent-wickeln Sie Ihren persönlichen Realitäts-Check, um das wache Ich vom Träume-Ich zu unterscheiden.

• Aktuelle Alltagserlebnisse: Vergegenwärtigen Sie sich, was Ihnen dazu spontan in den Sinn kommt.

• Die Szenerie: Wer oder was fällt im Traum beson-ders auf – ist das eine bestimmte Person/Figur, ein spezielles Tier oder ein besonderer Gegenstand? Gibt es Merkwürdigkeiten, die Ihnen erst beim

Erwachen auffallen? An welchen Einschätzungen aus dem Alltag werden Sie dadurch erinnert? Woher ist Ihnen das (vage) bekannt, was den Traum besonders auffällig macht?

• <u>Gegenwärtige Lebensthemen</u>: Welche grundlegenden Themen oder Fragen beschäftigen Sie schon seit Längerem? Stehen große Entscheidungen an? Wie ist der Stand der Dinge dazu?

• <u>Spiel mit der Sprache</u>: Beobachten Sie aufmerksam, mit welchen Worten Sie Ihr Traumerlebnis schildern. Wie beschreiben Sie die Vorgänge? Erlauben Sie sich auch, mit den Wörtern und Wortbildern zu jonglieren, die die Traumbilder nahelegen. Welche Redewendungen kommen Ihnen dabei in den Sinn? Spielen vielleicht auch Ausdrücke eine Rolle, die in der Familie, im Freundeskreis oder in der Partnerschaft geflügelte Worte oder ein Code sind, das heißt Ihre Privatsprache oder sogenannte „Insider"?

• <u>Gefühle</u>: Was fühlen Sie im Traum? Wie sind Ihre Gefühle nun nach dem Aufwachen? Welche Gefühle begleiten Sie gerade im Alltag? Verdeutlichen Sie sich Ihre Gefühle zu persönlichen Erinnerungen, die der Traum wachgerufen hat, und zu Ihren Einschätzungen von früher. Was ist gleich geblieben, was ist neu? Gestatten Sie sich, unzensiert zu denken, was Ihnen gerade in den Sinn kommt. Und lassen Sie Ihren Wörtern und Sätzen Zeit, ein bisschen hin und her zu wirbeln. Sie werden sehen, es ergibt sich allmählich ein Muster.

DER TRAUMBERICHT

Dienstag: Ich träume von dem Haus, in dem ich, jetzt in der realen Welt, auch wohne. Meine WG und ich haben die Wahl, ob wir in dieses Haus ziehen oder in ein anderes großartiges Gemeinschaftsprojekt in derselben Straße, in der wir zuvor wohnten. Zwei meiner Mitbewohner haben sich dafür entschieden, mit mir im alten Haus zu bleiben und drei der anderen Mitbewohner*innen wollen in dieses neue Haus ziehen.

Ich begegne dieser Situation mit gemischten Gefühlen. Ich bin sogar ein bisschen enttäuscht, denn eigentlich fand ich die alte Situation mit nur einem Haus zur Auswahl schön. Jetzt erfahre ich, dass ich mich entscheiden kann, ob ich nicht vielleicht auch in das andere Haus ziehe. Ich nehme mir vor, mir dieses Haus anzuschauen. Es liegt im Hinterhof, der sehr bunt bemalt ist und es leben dort auch Hühner. Alles in allem wirkt es wie ein sehr schönes Projekt.

Ich habe diesen Traum nach Schritt eins der Orientierungspunkte nun erst einmal aufgeschrieben. Leider kann ich mich nicht an noch mehr Details erinnern, deshalb wird mein Traumbericht nicht ausführlicher, aber es wäre wünschenswert, wenn er es werden könnte.

Unsere Träume verflüchtigen sich so schnell beim Aufwachen, dass es besonders empfehlenswert ist, diese direkt zu notieren. Ich kann Ihnen also empfehlen, sich direkt auf Ihren Nachttisch ein kleines Notizheft mit Stift zu legen. Der Prozess des Aufschreibens ist auch ein Prozess, in dem Sie Ihren Traum loslassen. Das ist besonders hilfreich, wenn es ein negativer Traum war, den Sie wirklich loswerden wollen. Durch das Aufschreiben gewinnen Sie auf jeden Fall ein wenig Distanz zu Ihrem Traum. Sie sind nun nicht mehr inmitten des Geschehens, sondern schauen von außen auf den Traum hinauf, was Ihnen auch hilft, neue Perspektiven auf Ihren Traum zu gewinnen. Ich kann Ihnen ebenfalls nahe legen, sich ein Sprachaufnahmegerät in Reichweite Ihres Bettes zu legen und dort am Morgen Ihre Gedanken zum Traum und die Schilderung dessen aufzunehmen.

Ich empfehle Ihnen, sich, wenn Sie direkt nach dem Aufwachen bereits Traumerinnerung haben, diese sofort zu notieren und nicht erst etwas anderes zu tun. So ist Ihr Traum noch nah bei Ihnen, zeitlich und auch örtlich. Allerdings ging es mir bei meinem Traumtagebuch auch schon so, dass mir keine Gedanken zu meinem Traum kamen und ich ihn gar nicht fassen konnte. Dann half es mir, in Bewegung zu kommen und etwas Zeit verstreichen zu lassen, in der ich weiterhin versuchte, mich meines Traumes zu erinnern. Es gab schon Situationen, in denen mir der Traum dann erst beim Zähneputzen wieder einfiel.

Einen weiteren Tipp zum Traumtagebuch möchte ich Ihnen mimt auf den Weg geben: Machen Sie sich keinen Druck damit, Ihren Traum sprachlich interessant und grammatikalisch korrekt aufzuschreiben. Mein Traumtagebuch ist eine einzige Schmiererei mit der schlimmsten Schrift, die ich am Morgen zu bieten habe. Ihr Traumtagebuch ist nur für Sie da, Sie allein müssen es verstehen und dann ist es manchmal wichtiger, keine Zeit zu verlieren, sondern schnell und wahrscheinlich auch wirr zu notieren, was Ihnen in den Kopf kommt.

Eine weitere Empfehlung ist, dass Sie in Ihrem Traumtagebuch ein bisschen Platz pro Eintrag lassen, für Beobachtungen und Ideen, die Ihnen vielleicht im Nachhinein kommen werden. Sie werden sich freuen, denn es kann gut sein, dass Sie, selbst Monate später, den Wunsch verspüren, etwas Neues zu Ihrem Traum zu notieren.

DER BLICK VON AUßEN

Der nächste Orientierungspunkt auf der Landkarte der Träume empfiehlt, dass Sie versuchen, ganz bewusst in Ihren Tag einzusteigen. Versuchen Sie einmal, sich direkt nach dem Aufwachen bewusst zu werden, dass Sie nun wach sind. Wie fühlt es sich an, auf einmal mit vollem Bewusstsein in Ihrem Bett zu liegen, obwohl Ihr Geist gerade noch unterwegs war? Wie geht es Ihnen beim Aufwachen? Können Sie noch etwas aus Ihrem Traum nachspüren? Räumen Sie sich ruhig diese Zeit am Morgen ein, es kann Ihnen helfen, Abstand zu Ihren Träumen zu gewinnen. Versuchen Sie außerdem, Ihre Wahrnehmung auf alle Ihre Sinne zu richten. Wie fühlen sich Ihre Armmuskeln oder Ihre Beinmuskeln direkt nach dem Aufstehen an? Sind sie noch schwer vom Liegen? Strecken Sie sich bewusst und versuchen Sie, Ihren Körper wahrzunehmen. Wie fühlt sich das Wasser beim Duschen auf Ihrer Haut an? Wie fühlt es sich an, den Boden unter Ihren Füßen zu spüren? Besonders hilfreich sind diese Tipps vor allem, wenn Sie aus einem beklemmenden Traum erwachen, indem Sie sich emotional sonst gefangen fühlen würden, wenn Sie nicht versuchen, bewusst wieder im Wachzustand anzukommen.

Sie können sich bewusst sein, dass Sie bereits mit dem Aufwachen die Außenperspektive einnehmen. Während Sie beim Träumen noch unterbewusst Ihre Gedanken und Emotionen sortieren, können Sie nun tagsüber ganz bewusst diesen Vorgang fortsetzen. Wenn der Traum etwa Panikszenen beinhaltet hat, können Sie nun Ihr Wissen über Gehirnvorgänge nutzen und sich z. B. fragen: „Warum wird durch die Reizverarbeitung meines Gehirns eine solche Szene entworfen?". Der Vorteil dieses Blickwechsels von innen nach außen ist, dass Sie es sich vereinfachen, einen Zugang zu Ihrem Traum zu finden. Erlauben Sie sich nach Alpträumen ein bisschen Ruhe und beschäftigen Sie sich erst mit ihnen, wenn Sie entspannt in den Tag gestartet sind. Versuchen Sie, sich um sich zu kümmern und Kräfte zu sammeln. Wenn Sie sich dann einen angenehmen Ort gesucht haben, um mit etwas Abstand Ihren Traum anzuschauen, können Sie auch eine andere Person mit einbeziehen.

Diese hat schon naturgemäß Abstand zu Ihrer Traumwelt und kann ganz neue Perspektiven auf Ihr Erzähltes haben. Vielleicht kann durch diese Außenperspektive ein neues Licht auf Ihren Traum geworfen werden. Sie verstehen im besten Fall einen neuen Zusammenhang aus einer neuen Perspektive. Aber seien Sie vorsichtig: Die Perspektive einer außenstehenden Person kann nur Ihren Deutungshorizont erweitern, nicht ersetzen. Es sind immer noch Sie, die allein Ihre Traumsprache verstehen lernen können.

AKTUELLE ALLTAGSERLEBNISSE

Manchmal erschließen sich Träume so leicht, wenn man weiß, dass man vor allem ein Erlebnis aus dem Alltag verarbeitet. Meinen Traum vom Dienstagabend habe ich schnell einordnen können. Ein Freund erzählte mir am Vortag, er würde umziehen in ein Projektwohnhaus mit Hühnern im Vorgarten. In meinem Kopf haben sich neue Querverbindungen ergeben, aus meinem Freund wurden meine WG und ich, aus seinem Haus wurden mein und (s)ein neues Haus, aber letztlich beschäftigte mich vor allem der Fakt, dass es bald durch ihn auch dieses neue Projekthaus in meinem Leben geben würde.

Schwieriger werden Traumdeutungen, die ganz sicher nichts mit dem Alltag der Träumenden zu tun haben, z. B. mein Traum vom Sonntag, in dem ich auf einmal wieder bei meinen Großeltern als Kind war. Trotzdem lohnt es sich, auch bei solchen Träumen, die erstmal nichts mit dem Alltag zu tun haben, einen Blick auf diese zu werfen. Fragen Sie sich z. B.: Aus welchen Elementen besteht Ihr Alltag gerade? Was hat Sie gestern beschäftigt? Hat etwas gestern besonders viel Aufmerksamkeit eingenommen? Wenn Ihnen dazu Gedanken kommen, notieren Sie diese doch in Ihrem Traumtagebuch. Mir ist dann z. B. nachträglich eingefallen, dass meine Großeltern versucht haben, mich an diesem Tag telefonisch zu erreichen.

Wenn Ihnen beim besten Willen kein Zusammenhang einfällt, versuchen Sie einmal, unabhängig von Ihrem aktuellen Alltag Themen zu sammeln, die Sie aktuell in dieser Lebensphase beschäftigen. Lassen Sie sich dabei vom Fluss Ihrer Gedanken leiten. Was sind Ihre Ängste momentan? Was sind Ihre Hoffnungen? Was bereitet Ihnen Kummer? Was bereitet Ihnen Freude? Notieren Sie doch erst einmal wild Ihre Einfälle. Ich merke bei diesem Schritt, dass mich das Thema Geborgenheit und Sicherheit zurzeit beschäftigt. In diesem Traum spielend mit den kuscheligen Tierchen als Kind bei meinen Großeltern gab es auf jeden Fall ein Gefühl der Geborgenheit für mich, wie man es nur als Kind spürt.

Wenn Sie Ihren Blick schärfen und versuchen, Vertrautes immer wieder aus neuen Blickwinkeln zu betrachten, obwohl Sie doch mitten im Geschehen, mitten in Ihrem Alltag stecken, kann das zu ziemlich vielen Erkenntnissen führen. Wie schön ist es doch, dass Träume (gerade die aufwühlenden) uns immer wieder helfen, uns zu reflektieren und eine neue Perspektive einzunehmen. Träume helfen uns, unsere Perspektiven zu erweitern. Sie geben Anstöße für Entwicklungen, die sich unser tiefstes Bewusstsein wünscht. Bleiben Sie trotz eines, vielleicht repetitiven Alltags aufmerksam für die Nachrichten Ihrer Träume, die Sie in Richtungen schubsen, die Sie vielleicht so nicht erwartet hätten.

Selbst, wenn Sie in Ihrem Traum keinen Zusammenhang zu Ihren Lebensthemen sehen, nehmen Sie ihn so hin, akzeptieren Sie, dass Ihr Unterbewusstsein Verwirrung schickt, notieren Sie diese und beobachten Sie, was genau Sie an diesem Traum so sehr beschäftigt.

DIE SZENERIE

Mittwoch: Ich bin in einem alten Haus, wahrscheinlich eine alte verfallene Fabrik, die ich auch entfernt erkenne. Mit mir ist meine Schwester oder ist es mein Mitbewohner? Er oder sie steht gemeinsam mit mir auf einer Vorrichtung. Um von dieser Vorrichtung herunterzukommen, braucht man eine Leiter. Diese Leiter wackelt sehr. Szenenwechsel: Es schneit. Es ist ein wunderschöner Winter. Schon im Traum ist mir bewusst, dass es zurzeit so selten schneit und dass diese vollen Schneeflocken sehr besonders sind. Aus jedem Fenster eines Hauses beobachte ich den Schnee. Alles sieht aus wie aus einem Bilderbuch.

Die Träume, die uns im Gedächtnis bleiben, sind von besonderen Merkmalen geprägt. Bei diesem Traum vom Mittwoch bleibt mir besonders die wacklige Leiter in Erinnerung und das Gefühl der Ausweglosigkeit, dass ich sie alternativlos besteigen muss. Auch dem Gefühl der Freude über den Schnee kann ich noch intensiv nachspüren. Beides sind tatsächlich Traummotive, denen ich häufiger begegne. Der Schnee in der zweiten Traumszene hat immer etwas Magisches, die Welt erscheint in neuem Glanze, über den ich mich freue.

Notieren Sie sich Antworten auf die folgenden Fragen: Was verbinden Sie mit einzelnen Bildern oder Personen in Ihrem Traum? Wie haben Sie Ihren Traum erlebt? Welche Atmosphäre herrschte in Ihrem Traum? Wie fühlten Sie sich? Manchmal überraschen Sie Tatsachen des Traumes schon im Traum, z. B. faszinierte mich der (klimatisch heutzutage selten gewordene) Schnee schon während des

Träumens. Richten Sie in diesem Schritt Ihren Blick auf die Details der Traumszenerie: Was bringen Sie mit einzelnen Bildern in Verbindung? Wenn ich mich auf die Leiter zurückbesinne und die alte Fabrikhalle, kommen mir direkt düstere Gefühle.

Beide Komponenten strahlen Unsicherheit für mich aus. Ich weiß nicht, was sich noch alles in der Fabrikhalle befindet. Sie ist für mich ein sehr anonymer, leerer, ungemütlicher Ort, der ggf. auch einsturzgefährdet ist. Genauso wie die Leiter, die mir auch ein unsicheres Gefühl vermittelt. Ich habe nicht sicher den Boden unter meinen Füßen. Meine Schwester und mein Mitbewohner, die in diesem Traum irgendwie miteinander verschmolzen sind, ähneln sich überhaupt nicht. Zumindest auf den ersten Blick. Die Verschmelzung lässt mich näher über eventuelle Gemeinsamkeiten nachdenken, ich habe eine überraschende Idee...

Wenn Sie wollen, können Sie bei diesem Schritt auch mit Vergleichen arbeiten. Dieser Tipp hilft manchmal, ganz intuitiv auf neue Gedanken zu kommen. Beispielsweise empfand ich den Schnee so, als würde sich die Welt für mich schmücken und im schönsten weißen Gewand präsentieren!

GEGENWÄRTIGE LEBENSTHEMEN

Donnerstag: Ich träume von meinem ehemaligen Freund. Wir sind wieder zusammen und es ist sehr schön mit ihm. Wir sind sehr verliebt und genießen es sehr, einander zu umarmen. Immer wenn ich auf die Toilette gehe (was im Traum ein langer Flur ist), freue ich mich, ihn wiederzusehen und vermisse ihn, wenn er nicht da ist.

Träume bilden die Hirnaktivitäten während unseres Schlafs ab. Was ich selbst erstaunlich finde, ist, dass ich, auch wenn ich mit anderen körperlichen Bedürfnissen wie z. B. Essen beschäftigt bin, merke, dass mir mein Hirn auch da ohne mein Zutun Bilder schickt. Mir kommen mitten beim Essen Erinnerungen an teilweise sehr unbedeutende Szenen in meinem Leben, an die ich noch nie bewusst gedacht habe. Beobachten Sie so etwas auch an sich?

Nicht nur kurze Sinneseindrücke des Tages werden im Traum verarbeitet. Auch längere Lebensthemen, die die träumende Person beschäftigen. Mit meinem Traum am Donnerstag tut sich auch mir ein längeres Thema auf: dass ich meine damalige Beziehung vermisse. Manchmal treten Lebensthemen im Alltag in Erscheinung und man beschäftigt sich ganz bewusst mit ihnen. Manchmal kommen sie aber auch erst im Traum und man kann sich dann sicher sein, dass sie einen unterbewusst beschäftigen.

Bei diesem Orientierungspunkt geht es, nicht wie bei den Alltagsfragen, um umfassendere Fragen, die Sie über längere Zeit in einem Lebensabschnitt mit sich herumtragen. Manchmal sind Ihnen Ihre Lebensthemen eindeutig bewusst, z. B. eine schwierige Kindheit. Andere Themen, wie z. B. die Schwierigkeit „Nein" zu sagen oder andere Vorsätze, haben Sie vielleicht nicht immer im Kopf.

Wenn Ihr Traum Ihnen dann eine kleine Erinnerung an dieses Thema schickt, können Sie das dankbar zur Kenntnis nehmen. Es scheint wieder Zeit zu sein, sich damit zu beschäftigen. Fragen, die Sie sich zu diesem Orientierungspunkt stellen können, sind etwa: Welches Thema ist für mich in meinem Leben schon länger oder aktuell wieder bedeutend? Wie ist bei diesem Thema der neueste Stand der Dinge? Was ist unterbewusst mein Dauerthema? Welche Gefühle habe ich bei diesem Thema? Passt eine dieser Befindlichkeiten zu meinem Traum?

Manchmal gibt ein Traum auch überraschende Ansätze an Lösungsideen zu Lebensthemen.

Zumindest kann es vorkommen, dass sich ein wiederholender Traum nach langer Zeit verändert. Mein Piercing-Traum, den ich am Anfang schilderte, veränderte sich nach einiger Zeit von selbst und zeigte mir eine einfache Lösung auf, die mir zuvor während des Träumens nicht einfiel. Ich setzte mir einfach das ausgefallene Piercing von selbst wieder ein und half mir selbst über diese schmerzhafte Situation hinweg. Ich kann mir nun einige Themen vorstellen, die mir dieser Traum zeigte, und weiß mit dem Tipp des Traumes Einiges anzufangen!

SPIEL MIT DER SPRACHE

Nehmen Sie Formulierungen und Redewendungen, die Ihnen beim Beschreiben Ihres Traumes in den Sinn kommen, sehr wörtlich. Traumbilder sind uns rätselhaft. Durch die Hilfe der Sprache, mit der wir diese Bilder beschreiben, können sich uns ganz neue Zusammenhänge offenbaren. Schauen Sie sich ganz genau an, was die Wortwahl, die Sie intuitiv genutzt haben, eigentlich ausdrückt.

Sätze wie „Heute Nacht im Traum verpasste ich die Bahn" können bei genauerer Betrachtung einiges an Bedeutung offenbaren. Sind sie zu spät losgekommen? Waren Sie rechtzeitig da, doch der Bus ist Ihnen vor der Nase weggefahren? Beide Fragen drücken unterschiedliche Sachverhalte aus. Die erste zeigt, dass Sie es aus irgendeinem Grund nicht geschafft haben, sich die Zeit richtig einzuteilen. Die zweite Frage: Sind es eher die äußeren Umstände, die zum Verpassen des Zuges führten. Wenn Sie sich nun weitere Fragen zu Ihrem Traum stellen, werden Sie sich jetzt je nach Variante, verändern. Die erste Version der Deutung beinhaltet eher eine Eigenschaft der Person an sich, sie verspätet sich, schafft es nicht, den Zug zur richtigen Zeit zu bekommen. Die zweite Version der Deutung hat ihren Fokus beim äußeren Umstand, dass die Person etwas verpasst, was sie eigentlich wollte.

Durch den genauen Blick auf die Wortwahl kommen wir der Sache ein ganzes Stück näher. Erlauben Sie sich, mit den Wörtern, die Ihren Traum beschreiben, zu spielen. Achten Sie auf sprachliche Nuancen. Der Satz „Ich rannte und rannte und wollte nur noch fliehen." ist dann ein ganz anderer als „Die gruselige Gestalt verfolgte mich und trieb mich wie einen Spielball vor sich her." Beide handeln von einer Verfolgungsjagd, jedoch in der ersten Beschreibung ist die Verfolgte aktiv und will wegrennen. In der zweiten Beschreibung erlebt sich die Hauptperson eher als getrieben und gejagt. Wenn wir jetzt die Deutung auf die Alltagsebene verlagern, macht es schon einen bedeutenden Unterschied herauszufinden, wann die Träumende sich getrieben fühlt oder wann die Träumende wegrennt. Diese Nuancen können auf die emotionalen Zustände oder gedanklichen Vorgänge aufmerksam machen, die in der Bildsprache der Träumenden verarbeitet werden.

Manchmal kann es auch eine Hilfe sein, sich einfach den Duden zu nehmen, um den Doppelsinn mancher Wörter nachzuschlagen. Beim Wort „verfolgen" definiert der Duden einerseits: „durch Hinterhergehen, -eilen u. erreichen (und einzufangen) suchen", und andererseits: „jemandem zur Last fallen". Daraus ergeben sich neue Deutungsmöglichkeiten. Ebenso ist es mit „Teekesselchen", also Wörtern, die eine doppelte Bedeutung haben, wie „die Bank" (als Sitzgelegenheit und als Institut). Zu beobachten, welche Wörter und Formulierungen wir wählen, führt uns manchmal zur Hauptaussage des Traums.

GEFÜHLE

Wie fühlten Sie sich beim Erwachen aus Ihrem Traum? Sind Sie geängstigt, erstaunt, geekelt, entsetzt, berührt, erfreut oder in Panik? Welche Gefühle hatten Sie während des Traums?

Bei Träumen geht es darum, den Stellenwert der Gefühle im ständigen Veränderungsprozess zu erkennen und einzuordnen. Ihre eigene Einschätzung wichtiger Merkmale im Traum ist zentral. Wenn für Ihr Leben relevante Themen im Traum auftauchen, wie Ihr Zuhause oder Ihre Familie, horchen Sie genau in sich herein, welche Gefühle Ihnen zu diesen Themen kommen.

Manchmal verändern sich die Gefühle zu solchen stetigen Themen in der Traumwelt auch im Laufe der Zeit. Bei mir und dem Piercingtraum ist nach langer Zeit das Grundgefühl der Verzweiflung in eines der Ermächtigung umgeschlagen. Der Inhalt und das Bild des Piercings sind für mich bei der Traumdeutung dieses Traumes gar nicht so ausschlaggebend. Ich finde den Umschlag meiner Emotionen interessant und bemerkenswert. Vielleicht können auch Sie emotionale Veränderungen, wie Sie zu gewissen Themen in Ihrem Leben stehen, im

Traum erahnen. Ich hoffe, Sie konnten sich durch diese Orientierungspunkte nun ein genaueres Bild davon machen, wie Sie das große Rätsel Traumdeutung angehen und vielleicht fügen sich nach und nach durch die Anwendung der einzelnen Schritte einige Puzzleteile zu einem großen, ganzen Bild bei Ihnen zusammen. Traumdeutung und auch das Erinnern von Träumen sind auf jeden Fall etwas, was einiger Übung bedarf. Desto länger und intensiver man sich seinen Traumwelten hingibt, umso geübter ist man dann mit der Zeit mit der Erinnerung und Deutung.

Eine Geschichte zum Träumen

Ich möchte diesen Ratgeber nun nach so viel Input mit einer Geschichte beenden, die die Kraft und den Einfluss, die Träume auf uns Menschen haben können, umschreibt. Vielleicht können Sie dieses Märchen und die Entwicklungen, die im Leben des Hirten geschehen, als einen Anstoß sehen, sich intensiver mit Ihren Träumen und den Botschaften, die vielleicht dahinterstecken, zu beschäftigen... Diese Geschichte ist ein Märchen von Ludwig Bechstein, einem Schriftsteller, der durch seine

Sammlung deutscher Märchen bekannt ist. Es ist ein Märchen „zum Träumen". Ist es nicht spannend, dass in dem Wort „träumen" einerseits die Aktivität während des Schlafens gemeint ist, aber „träumen" auch bedeutet, sich eine bessere Zukunft zu ersehnen? Wenn man Träume als kleine „Schubser" des Unterbewusstseins versteht und um die Selbstheilungskräfte der Psyche weiß, dann ist es kaum verwunderlich, dass das Wort „träumen" eine doppelte Bedeutung hat. Somit wünsche ich Ihnen viel Spaß beim Lesen und Träumen!

Es war einmal ein sehr armer Bauersmann, welcher von dem geringen Verdienst eines Hirten in einem kleinen Dorfe lebte. Er hatte eine kleine Familie, eine Frau und einen kleinen Knaben. Obwohl der Knabe noch jung war, hatte er ihn schon mit auf die Weide genommen und ihm die Pflichten eines treuen Hirten gezeigt, sodass er sich, wenn der Knabe älter wurde, ganz auf ihn verlassen konnte. Somit konnte er ihm die Herde anvertrauen und noch einige Dreier mit dem Handwerk des Körbe-Flechtens verdienen. Der junge Hirte trieb seine Herde fröhlich über Berg und Täler, sang dabei Liedlein und knallte ab und zu mit seiner Hirtenpeitsche, ohne sich jemals zu langweilen. Zur Mittagsruhe schlug er sein Lager neben der Herde auf, aß und trank und schlief einen kleinen Mittagsschlaf. Es begab sich, dass der junge Hirte sich eines Tages unter einen schattigen Baum des Mittags legte, dort direkt einschlief und einen wunderlichen Traum träumte. In seinem Traum war er auf Reisen und er reiste sehr weit fort – lautes Klirren von auf dem Boden fallenden Münzen, Donnern von Schüssen, schier endlos viele Soldaten mit blitzenden Rüstungen – er wurde von solchen Eindrücken umkreist und umschwirrt.

Währenddessen stieg er in seinem Traum einen Thron in die Höhe, auf dem er neben einer wunderschönen Frau Platz nahm. Im Traum richtete sich der junge Hirte stolz und glücklich auf und sprach: „Ich bin König von Spanien!". Kaum hatte er diese Worte gesagt, wachte er schon auf. Etwas verwirrt über diesen gar seltsamen Traum, trieb der junge Hirte nachdenklich seine Herde weiter. Seinen Eltern erzählte er abends daheim seinen Traum und sprach zum Schluss: „Wahrlich, wenn ich noch einmal so etwas träume, gehe ich nach Spanien und dann schauen wir mal, ob ich nicht König werde!". Von seinen Eltern erntete er für diese Aussage nur Hohn und Spott. Seine Mutter lachte gar herzlich und wiederholte „König von Spanien! König von Spanien!".

Es verging ein Tag und der junge Hirte legte sich wieder zur Mittagsruhe unter dem ihm bekannten Baume. Und: wie wunderlich! Derselbe Traum umwebt seine Sinne. In ihm kribbelte schon die Lust, seine Taschen zu packen für seine Reise nach Spanien. Er trieb jedoch erstmal Heim und verkündete dort seinen erneuten Traum. „Wenn mich noch einmal so träumt, packe ich meine Sachen und bin sofort auf dem Weg nach Spanien!".

Es begann ein neuer Tag und er legte sich erneut zur Mittagsruhe unter seinen Baum und sofort war er eingeschlafen und träumte erneut diesen Traum. Erregt wachte der junge Hirte auf, trieb seine Herde zusammen, wartete nicht auf den Abend und lief geradewegs nach Hause. Die Leute auf dem Dorfe starrten ihn entsetzt darüber an, dass er schon so früh seine Arbeit aufhörte. Dem Knaben jedoch war es egal, er hatte nur eines im Sinn: nach Spanien zu reisen. Daheim angelangt, packte er seine sieben Sachen, verabschiedete sich von seinen überraschten Eltern und war alsbald über alle Berge. Die erste

Nacht seiner Reise verbrachte er in einem Nachtlager mitten im Wald. Kaum hatte er sich zur Ruhe gelegt und war eingeschlafen, als er durch ein Geräusch direkt wieder aufschreckte. Eine Gruppe von Männern zog, laut redend, an seinem Busche vorüber. Er überlegte sich, den Männern zu folgen, um eventuell durch sie eine Herberge zu finden, wo er bequemer nächtigen könnte. Nach kurzer Zeit entdeckte er schon ein recht ansehnliches Haus. Die Männer klopften dort an, traten sobald in das Haus ein und hinter ihnen schlüpfte heimlich der junge Hirte auch in das Haus.

Alle traten ein in ein großes Zimmer mit vielen Betten, welche wohl schon für das Nachtlager der Männer hergerichtet wurden. Der junge Hirte versteckte sich sehr schnell unter einem der Betten und lauschte neugierig dem Gespräch der Männer. Er lauschte dem Gespräch und zählte schon bald eins und eins zusammen und begriff, dass er einer Räuberbande gefolgt war, deren Hauptmann der Herr dieses Hauses war. Dieser bestieg alsbald einen erhöhten Sitz im Raume und sprach mit tiefer Stimme: „Ihr braven Genossen, erzählt mir nun von eurem heutigen Tagwerk, was habt ihr heute erbeutet?".

Der erste berichtete: „Ich habe heute früh einem reichen Edelmann seine lederne Hose geraubt, aus der unablässig ein Haufen Dukaten auf dem Boden fällt!", ein anderer Mann berichtete: „Ich habe heute einem General seinen dreieckigen Hut gestohlen, welcher die Eigenschaft hat, dass man ihn auf dem Kopf drehen kann, sodass unaufhörlich aus allen Ecken Schüsse knallen!" und ein dritter Mann berichtete: „Ich stahl heute einem Ritter sein Schwert, wenn man dieses in die Erde stößt, ersteht augenblicklich ein Regiment Soldaten!". „Welch gute Beute!", lobte der Hauptmann entzückt.

Dann erhob sich ein vierter Räuber und erzählte: „Ich habe einem schlafenden Reisenden seine Stiefel gestohlen, zieht man diese an, legt man mit jedem Schritt sieben Meilen zurück!". Der Hauptmann lobte noch einmal alle, forderte die Räuber dazu auf, ihre Beute abzulegen, zu trinken und sich den wohlverdienten Schlaf zu gönnen. Sobald alle eingeschlafen waren, traute der junge Hirte sich rasch aus seinem Versteck heraus, zog sich die lederne Hose an, setzte sich den Hut auf, gürtete sich das Schwert um, fuhr in die Stiefel hinein und schlich sich leise aus dem Hause. Draußen zeigten die Stiefel bereits ihre

Wunderkraft und es dauerte nicht lang, da schritt der junge Hirte schon zur großen Residenzstadt Spaniens hinein, sie heißt Madrid. Dort angelangt, erkundigte er sich nach dem größten Gasthof und erhielt eine ablehnende Antwort: „Du kleiner Wicht, verziehe dich dahin, wo deinesgleichen speist, dieser Gasthof ist für reiche Herren!". Da zeigte der junge Hirte ihm ein reines Goldstück und schon wurde der gefragte Mann prompt höflicher und wies ihm den Weg.

Dort angelangt, mietete sich der junge Hirte sogleich das schönste Zimmer und fragte des Abends im Gasthaus den Wirt, wie es denn in dieser Stadt sei, was hier wohl passiere. Dieser zog ein langes Gesicht und antwortete: „Herr, Ihr seid hierzulande wohl fremd? Habt Ihr nicht gehört, dass unser König sich rüstet mit einem Heer von zwanzigtausend Mann? Wir haben Feinde, mächtige Feinde, o es ist eine schlimme Zeit! Seid Ihr auch hier, um unters Militär zu gehen?", „Ja, natürlich", sprach der junge Hirte und sein Gesicht glänzte vor Freude. Sobald der Wirt sich entfernte, zog der kleine Hirte seine ledernen Hosen aus, schüttelte sich ein Häuflein Goldstücke in die Hand und kaufte sich zugleich neue kostbare

Kleider und Waffen und ließ dann beim König um eine Audienz bitten. Als er das Schloss erreichte, begegnete ihm direkt eine junge Dame, die sich sehr anmutig vor dem jungen Hirten verneigte, und die Kammerherren flüsterten ihm zu: „Das ist die Prinzessin, Tochter des Königs". Der junge Mann war gar entzückt von der Schönheit der Prinzessin und durch seine Begeisterung redete er keck und mutig vor dem König. „Königliche Majestät, ich biete hiermit meine Dienste als Ihr Krieger an. Durch mein Heer soll Euch der Sieg erfochten werden, über eine Belohnung bitte ich mir aus, dass ich Eure holde Tochter als Gemahlin heimführen dürfe. Was sagt Ihr, mein gnädigster König?".

Der König war recht erstaunt über die kühne Rede des Knaben und sprach: „Ja, ich gehe in deine Forderung ein, wenn du als Sieger heimkehrst, werde ich dich als meinen Nachfolger einsetzen und dir meine Tochter zur Gemahlin geben!". So gab sich der ehemalige Hirte allein hinaus auf das freie Schlachtfeld und stieß sein Schwert in die Erde. In wenigen Minuten stand ein großes, beeindruckendes Soldatenheer vor ihm. Der kleine Hirte saß als Feldherr bewaffnet und geschmückt auf einem beeindruckenden Ross. Der junge Feldherr zog aus, stetig dem Feind entgegen, und es kam zu einer großen und gar blutigen Schlacht. Aus dem Hute des jungen Feldherren donnerten unaufhörlich tödliche Schüsse und aus dem Schwert in der Erde entsprangen unablässig neue Heere aus Soldaten in die Schlacht. In schon wenigen Stunden war der Feind geschlagen und es wehten die Siegesfahnen auf dem eroberten Lager. Siegreich und glorreich kehrte der junge Feldherr zurück nach Spanien, wo auf ihn noch das größte Glück wartete.

Die junge Königstochter war nicht minder entzückt von dem jungen Knaben, als sie ihm damals im Saale begegnete. Der König wusste die großen Verdienste des jungen Knaben gebührend zu schätzen, hielt sein Wort und gab ihm seine Tochter zur Gemahlin und benannte den jungen Hirten als seinen Nachfolger und Thronerben. Prunkvoll und prächtig wurde die Hochzeit vollzogen und der junge Hirte fand sich selbst unglaublich glücklich wieder. Schon bald nach der Hochzeit verstarb der König und legte seinem Schwiegersohne die Krone und das Zepter in die Hände. Der kleine Hirte befand sich nun stolz auf dem Throne Spaniens und konnte sich zu Recht der

König von Spanien nennen. Alsbald dachte er an seinen sich erfüllenden Traum und er erinnerte sich seiner armen Eltern. Als er allein mit seiner Gemahlin war, erzählte er ihr die ganze Geschichte und bat sie darum, dass er mit ihrer Zustimmung nach Hause reisen und seine Eltern nachholen dürfte. Ihr war es mehr als Recht und sie ließ ihren Gemahlen mit seinen Siebenmeilenstiefeln ziehen. Alle Gegenstände, die der junge König den Räubern auf seiner Reise abgenommen hatte, stellte er unterwegs den rechtmäßigen Eigentümern wieder zu, bis auf die Stiefel. Dem Eigentümer der Stiefel gab er für dieselben ein Herzogtum. Dann holte er seine Eltern, welche vor Freude ganz außer sich waren, und reiste mit ihnen zurück. Nun lebte er glücklich und würdig als König von Spanien bis an sein Ende und war so froh, dass er auf seine Träume gehört hatte.

Herstellung und Verlag:

BoD – Books on Demand, Norderstedt

ISBN: 9783752659634

© Katja Ramelow 2020

1. Auflage

Kontakt: Psiana eCom UG/ Berumer Str. 44/ 26844 Jemgum

Covergestaltung: Fenna Larsson

Coverfoto: depositphotos.com